Bibliografische Information der Deutschen Nationalbibliothek:

Die Deutsche Bibliothek verzeichnet diese Publikation in der Deutschen National-
bibliografie; detaillierte bibliografische Daten sind im Internet über http://dnb.d-
nb.de/ abrufbar.

Impressum:

Copyright © 2005 GRIN Verlag, Open Publishing GmbH　·
Druck und Bindung: Books on Demand GmbH, Norderstedt Germany
ISBN: 9783640609642

Joachim Stöter

Organisationen in der Krise

Entgrenzung und Subjektivierung von Arbeit und die Psychoanalyse

GRIN Verlag

GRIN - Your knowledge has value

Der GRIN Verlag publiziert seit 1998 wissenschaftliche Arbeiten von Studenten, Hochschullehrern und anderen Akademikern als eBook und gedrucktes Buch. Die Verlagswebsite www.grin.com ist die ideale Plattform zur Veröffentlichung von Hausarbeiten, Abschlussarbeiten, wissenschaftlichen Aufsätzen, Dissertationen und Fachbüchern.

Besuchen Sie uns im Internet:

http://www.grin.com/

http://www.facebook.com/grincom

http://www.twitter.com/grin_com

Organisationen in der Krise - Entgrenzung und Subjektivierung von Arbeit und die Psychoanalyse

1.) Einleitung

In dieser Arbeit werden zwei Texte behandelt, welche sich thematisch nahe stehen. Beide behandeln die Probleme, die auftreten können, wenn Organisationen und/oder Unternehmen sich in einer Umbruchphase, also einer Zeit struktureller Veränderung befinden. Es handelt sich hierbei zum einen um eine Abhandlung von *Hans-Jörg Becker*, der sich beim Thema „**Angst und Wandel in Organisationen**" um eine psychoanalytische Sicht besagter Phänomen bemüht und sich dabei in der Rolle eines Supervisors befindet.

Zum zweiten wird ein Artikel der Autoren *Hirschhorn & Gilmore* dargestellt, welche sich unter dem Titel „**Die Grenzen der flexiblen Organisation**" mit den Komplikationen auseinandersetzen, die auftreten können, wenn Hierarchien in Organisationen abflachen oder gar auflösen. Zunächst seien dazu zunächst die einzelnen Texte für sich präsentiert und in einem kurzen abschließenden Fazit zusammen gefasst.

1

2.)Angst und Wandel in Organisationen

Eine supervisorisch-psychanalytische Perspektive (*von Hans-Jörg Becker*)

In den Ausführungen *Hans-Jörg Beckers* geht es im Wesentlichen um die Muster und Stile der „Konfliktverarbeitung" (in Anlehnung an das klinische Konzept von *Mentzos*, 1982) in Organisationen, wenn Veränderungsprozesse von außen oder innen anstehen. Angst vor diesen Veränderungsprozessen, wird als Auslöser dieser Konflikte gesehen und anhand des Umgangs mit dieser Angst, dem Modus der Konfliktbewältigung also, sind Rückschlüsse auf die unbewusste Beziehung des Einzelnen zu der jeweiligen Organisation möglich. An dieser Stelle kommt die Psychoanalyse ins Spiel.

Die Art der Veränderung spielt im Übrigen keine Rolle, es ist also egal, ob die Veränderung herbeigewünscht wird oder aufgezwungen wurde, wie bereits erwähnt, ist allein die Angst entscheidend, die dieser Veränderungsprozess nach sich zieht. Becker postuliert in diesem Rahmen, dass es möglich sein kann, dass spezifische Organisationen typische Muster zur Bewältigung mit einer derartigen Angst aufweisen. Vorraussetzung hierfür sei, dass die Muster automatisch, stereotyp und redundant ablaufen und sich so auf lange Sicht habituieren können. Wenn dies der Fall ist, wäre es möglich, von **organisationstypischen Haltungen** zu sprechen, mit denen die Mitarbeiter Angst begegnen.

Es wurde ja bereits erwähnt, dass die Psychoanalyse die Methode ist, mit welcher die Reaktionen auf Veränderungsprozesse untersucht werden sollen. Hierbei stößt man jedoch auf einige Probleme. Menschliche Organisationen sind laut Becker, **Phänomene eigenen Rechts** und als solche beanspruchen sie auch eigene Erklärungsansätze, da sie eben nicht als verzerrtes Spiegelbild von familiären Strukturen zu verstehen sind (was einen reinen Zugang mittels Psychoanalyse ermöglichen würde). Daher stützt sich Becker auf eine organisationstheoretische Referenztheorie, die auf den englischen Theoretiker *Ralph Stacy* (1997) zurückgeht, die im Folgenden kurz dargestellt wird:

Exkurs -> Organisationstheoretische Referenztheorie nach *Stacy*:

„Organisationen kann man als **Beziehungsgeflechte** auffassen, die aus dem Zusammenwirken der Einzelnen entstehen" (siehe „Angst und Wandel in Organisationen", *Becker*, 2001, S. 312). Dieses Zusammenspiel dient den Zielen der Organisation (z.B.: Profit machen), in mehr oder weniger bewusster Weise. Hierin sind die *primären Organisationsziele* enthalten, deren Bedeutung bewusst erlebt wird seitens der Mitarbeiter. Man könnte in diesem Kontext sagen: „Alle ziehen an einem Strang." Daher wird dieses Beziehungsgeflecht als Ergebnis des eigenen Handelns erlebt, quasi als selbst erzeugt („Die Firma, dass sind wir!"). Dies führt dazu, dass die Organisation überschaubar, rational und damit auch planbar wird.

Stacy benennt diesen Teil einer Organisation, das **legitime System**, welches einem internen Regelwerk folgt und sich durch Einheitlichkeit, Konformität und Wiederholung auszeichnet.

Aber es existiert neben diesem System noch ein weiteres, das so genannte **Schattensystem**, welches spontan, informell und mit hohem affektivem Aufwand seitens der Mitarbeiter entsteht. Auch wenn vermeintlich kein Bezug zur Organisation existiert, so ist das Gegenteil der Fall, es entwickelt sich auf dieser Ebene eine Struktur, die nicht als selbst erzeugt wahrgenommen wird. Hier wird so etwas wie der Charakter einer, oder die Atmosphäre in einer Organisation entwickelt, die von den Mitarbeitern als eigenständige Macht wahrgenommen wird. Und hier entstehen die Bindung, respektive die Beziehung, zwischen dem Einzelnen und der Organisation.

Wichtig ist an dieser Stelle also festzuhalten, dass letztlich zwar die Individuen durch ihr Zusammenwirken, ihre untereinander eingegangen Beziehungen also, eine Organisation ausmachen, sie aber diese als etwas Eigenständiges und Fremdes wahrnehmen.

Selbstverständlich wird dadurch die Frage nach der Art dieser Beziehung aufgeworfen und dies führt wieder zur Methode der Psychoanalyse um die Strukturen dieser von Menschen geschaffenen Organisationen zu verstehen.

Das Personen als Teil dieser Organisationen gesehen werden können und evt. auch mögliche spezifische Verhaltensweisen annehmen, führt Becker auf ständig andauernde und unbewusst ablaufende Sozialisationsprozesse zurück. In diesem Rahmen werden auch die bereits genannten spezifischen Muster zur Konfliktverarbeitung erworben. Da sie sowohl durch das legitime, als auch durch das Schattensystem gestützt werden, enthalten sie eine gewisse Flexibilität, die Becker als **Fließgleichgewicht** bezeichnet. Das Ausmaß dieser Flexibilität zeigt auf, wie belastbar das System bei Veränderungen ist. Sollte die Belastung zu groß sein, kann es zu Rissen und Problemen führen. An dieser Stelle setzt die Supervision an, die dazu dient, diese Probleme aufzudecken und wenn möglich zu lösen.

Im Weiteren stellt Becker zwei Beispiele von Organisationen vor, die Veränderungsprozesse durchmachen und weist auf die jeweils spezifischen Konfliktverarbeitungsmodi hin. Bei beiden war er jeweils ein Jahr als Supervisor tätig.

2.1.) Fallbeispiel A: Ein regressiver Modus der Konfliktverarbeitung

Beim ersten Beispiel handelt es sich um den Medizinischen Dienst der Krankenkassen (MDK), der von allen Krankenkassen geschaffen wurde, um sie in medizinischen Fragen bei der Bewilligung von Renten, Arbeitsunfähigkeit etc. zu beraten. Dieser Dienst war aus Vertrauensärzten entstanden und der eigentliche Umstrukturierungsprozess galt als abgeschlossen.

Unter anderem war der Zweck der Supervision, über die Veränderungen durch diese Umstrukturierung zu sprechen. Vor dem ersten Termin mit der aus 10 Ärzten bestehenden Gruppe gab es ein Treffen mit dem regionalen Geschäftsführer. Dieser wird von Becker als dynamischer Betriebswirt beschrieben, der ein modern eingerichtetes Büro belegte. Im Weiteren sieht Becker in diesem Mann das angestrebte Ziel der Umstrukturierung, nämlich dem Dienst ein modernes und wirtschaftliches Wesen zu geben.

Auf der anderen Seite, von Becker als Gegenpol zur Erscheinung des Geschäftsführers bezeichnet, stand das Treffen mit den Ärzten, die er als altmodisch wahrnahm.

Im Rahmen der Supervision stellte sich heraus, dass zwar oberflächlich nur Probleme mit den Patienten seitens der Ärzte beklagt wurden, diese Probleme aber auf die durch den Veränderungsprozess ausgelöste Unsicherheit und Angst zurückzuführen waren. Denn dadurch war es den Patienten nun möglich, sich über die Ärzte an oberster Stelle zu beschweren. Dadurch entstand das Bild einer Verschwörung zwischen Patienten und Vorgesetzten. Daraus entstand eine Diskussion über die beruflichen Situationen der Einzelnen. Es stellte sich heraus, dass durch die Umstrukturierung alte Verhaltensweisen unerwünscht geworden waren.

Von entscheidender Bedeutung wird ein Traum den der Supervisor hat, in dem die berufliche Identität in Frage gestellt wird. Er identifiziert sich mit einem der Gruppenteilnehmer und erhält in dem Traum ein Schreiben, seine Zulassung als Psychoanalytiker zurückzugeben, aufgrund erwiesener Unfähigkeit. So aufmerksam gemacht, erkennt Becker, dass das Hauptthema der Supervision das der beruflichen Identität ist, welche durch die Veränderungen als bedroht empfunden wird, seitens der Ärzte. Sie verkörpern den Teil der Organisation, die diesen Prozess nicht mitmachen konnten, oder deren Konfliktverarbeitungsmodi nicht flexibel genug waren, so dass es zu den genannten Problemen kam.

Der durch den drohenden Verlust der beruflichen Identität erlittenen Angst wurde mit folgenden Mechanismen seitens der Ärzte begegnet:

- psychische und organisatorische Erstarrung,
- Rigidität und Zwanghaftigkeit im Verhalten gegenüber den Klienten, Vorgesetzten und gegenüber dem Supervisor,
- Angst vor Neuem.

Hinzu kommt, dass seitens der Organisation diese vermeintlich veränderungs-unwilligen Ärzte in eine Sündenbock-Rolle gedrängt wurden, was Becker auch anhand von Äußerungen des Geschäftsführers bestätigt sah. Der Sinn hier liegt scheinbar darin, dass die Organisation sich dadurch den angestrebten, modernen Anstrich zu geben versucht und auf anderen Ebenen eine Modernisierungseuphorie auszulösen. Gerade bei hastigen und wenig auf Nachhaltigkeit

4

bedachten Veränderungsprozessen, scheinen diese Sündenbockfunktion und das damit möglicherweise einhergehende Ausscheiden des „Alten" üblich zu sein.

Eine andere Ebene von Verarbeitungstrategien hat Becker bei einer Werbeagentur beobachtet, wie im Folgenden dargestellt:

2.2.) Fallbeispiel B: Ein (pseudo-) progressiver Modus der Konfliktverarbeitung

Ein 10köpfiges Team einer Werbeagentur, die an einem Projekt zur gesundheitlichen Aufklärung arbeitete wurde von Becker supervidierent begleitet.

Auch hier bestand der erste Kontakt Beckers mit einem Vorgesetzten der Gruppe, der in Bezug auf den alten Supervisor sagte, dass es sich um ein Auslaufmodell gehandelt habe. Gleich hier erkannte Becker das der Agentur eigene Streben nach Neuem. Das Team selbst bestand aus Sozial- und Geisteswissenschaftlern und es bot sich das Bild einer vitalen, intellektuellen sowie energischen Gruppe. Sinn der Sitzungen war in erster Linie, das Klären der individuellen, beruflichen Perspektive der Gruppenmitglieder und die Sorgen bezüglich der Sicherheit der Arbeit, da sie seitens der Geschäftsführung über vieles im Unklaren gelassen wurden.

Hierbei stellte Becker zwei Pole fest, die sich jeweils anhand zweier Personen festhalten ließen. Der eine Pol, repräsentiert durch den Sozialwissenschaftler Felix und die Literaturwissenschaftlerin Karla stand für das kritische, reflektierende Element, die nicht ganz hinter ihrer Aufgabe standen, diese aber dennoch gut erledigten. Der andere Pol wurde von den beiden Sozialpädagoginnen Tina und Maxi gebildet, die weit mehr hinter der Idee der Agentur standen und dafür Reflexion in den Hintergrund stellten. Dies spiegelte sich laut Becker auch in Outfit, Auftreten und Aussagen wieder („Wenn du hier weiterkommen willst, dann musst du dich von dieser ganzen Betroffenheitsscheiße lösen, davon musst du dich frei machen!").

Im Weiteren unterschieden sich diese beiden Pole auch in der Akzeptanz, die dem Supervisor entgegengebracht wurde erheblich. So begrüßte Felix diese Möglichkeit um über seine empfundene Ambivalenz bezüglich der Arbeit berichten zu können, während Tina und Maxi keine Gelegenheit ausließen, ihre Ablehnung zum Ausdruck zu bringen.

Während der Sitzungen kam heraus, dass ein aktuelles Projekt möglicherweise vor dem Aus stand und eine Alternative darin bestand, eine Akzeptanz-Werbung für eine bestimmte Sorte von Müllverbrennungsanlagen zu entwickeln. Der Pol aus Felix und Karla lehnte dies ab, und sah es als Entwertung der eigenen Fähigkeiten, während der Pol Tina-Maxi diese neue

Möglichkeit freudig begrüßte und wiederum betonte, dass die Arbeit in diesem Feld von persönlicher Betroffenheit frei zu machen sei.

Aus dieser neuen Arbeitsmöglichkeit heraus entwickelte sich die Frage der Projektverantwortlichkeit. Hier drängte der Pol Tina-Maxi auf eine Führungsposition und steckte mit seinem dynamischen Herangehen einen großen Teil der Gruppe an. Sie entwickelten sogar eine neue Art von Teamideologie, nach der man nicht auf externe Anstöße warten dürfe, sondern stets eine Form der „Revolution nach innen" anstreben solle, um stets auf dem neuesten Stand zu bleiben. Hierbei fühlte sich der Supervisor in die Rolle eines „Aufhalters" gedrängt, der mit seiner Methode des kritischen Nachdenkens dieser Teamideologie entgegenstand.

Der andere Pol, bestehend aus Karla und Felix schied später aus der Agentur aus, was als Reaktion auf diese neue Veränderung, angestoßen von Tina und Maxi, zu verstehen ist. Becker erkennt in diesem Unternehmen eine andere Form der Reaktion auf Veränderungen. Hier entsteht keine Angst (zumindest auf dem Pol Tina-Maxi), sondern die Lust auf das Neue, auf Veränderung ist die entsprechende Reaktion.

An dieser Stelle beendet Becker seine Darstellung der Supervision in der Agentur, um die sichtbaren Konfliktbearbeitungsmodi miteinander zu vergleichen.

In beiden vorgestellten Beratungsfällen handelt es sich letztlich um äußere, von den makrosozietären, ökonomischen und anderen Einflüssen herkommenden Impulse, die der Organisation die Veränderung gleichsam aufdrängen. Aber es ist zu beobachten, dass die gewählten Modi andere sind. Im zweiten Falle verhält es sich quasi dem Ersten entgegengesetzt. „Bei der Werbeagentur kam es zu einer Art der Verleugnung jeglicher Angst vor Veränderung, zu einer Überbetonung der Lust am Neuen und damit zu einer einseitigen Akzentuierung der Angst vor der Stagnation" (siehe „Angst und Wandel in Organisationen", *Becker*, 2001, S. 323). Man könnte hier von einer Art „vorauseilendem Gehorsam" sprechen. Folge war eine leicht manische Stimmung, eine bewusst gesuchte Veränderungseuphorie, um ja nicht als Auslaufmodell zu gelten. Nachteil dieser Reaktion könnte sein, dass es an einer kritischen Selbstreflexion mangelte.

Aber ähnlich wie bei der Krankenkasse, wurde auch hier mit dem versuchten Ausstoßen des Alten gearbeitet, zum einen in Bezug auf die Ablehnung gegenüber dem Supervisor als auch durch den Weggang von Karla und Felix repräsentiert.

6

2.3.) Stile der Konfliktverarbeitung

Wie eingangs schon erwähnt entlehnt Becker den Begriff der Konfliktverarbeitung dem Konzept der **Neurotischen Konfliktverarbeitung** von *Mentzos* (1982), welches das herkömmliche Verständnis der Neurosen erweitert, indem es den Zusammenhang zwischen den psychischen Konflikten und der Art und Weise (Modus) seiner Verarbeitung lockert.

Shapiro (1991) steht dieser Idee mit seinem Ansatz bezüglich der **Neurotischen Stile** nahe, der generelle Modi oder Stile identifiziert, die übergreifende Funktionsweisen einer Person beschreiben können. Diese Theorien versucht Becker, ohne den Krankheitsaspekt dabei zu meinen, auf Strukturen von Organisationen zu übertragen

Da er Organisationen eine Art Charakter zuspricht, existiert auch ein spezifisches Gebilde von Reaktions- und Funktionsweisen (siehe Abb. 1). Folgt man diesem Gedankengang, dann könnten die einzelnen Modi oder Konfliktverarbeitung auf eine Reihe von äußeren Sachverhalten bezogen werden, z.B. auf die primären Organisationsziele, auf den gesellschaftlichen Sektor, in dem die Organisation angesiedelt ist etc.

	Organisation 1: Medizinischer Dienst der Krankenkassen (MDK)	Organisation 2: Werbeagentur
Manifeste Angst	- Vor Veränderung - Vor Verlust der beruflichen Identität	- vor Veränderung - Bindung - Depression
Stil/Modus der Konfliktverarbeitung	- regressiv	- forciert-progressiv
Verarbeitung bzw. Abwehr der Angst	- organisatorische und psychische Erstarrung - Projektion des „Alten" - Sündenbockrolle für die „Alten"	- Verlegung der Angst und Umkehr in „manische" Veränderungseuphorie - Projektion - Sündenbockrolle für das Alte („Auslaufmodell")
Typische Angst bzw. Abwehr des Beraters	- Angst, etwas falsch zu machen (Identifikation) - Verachtung, Arroganz gegenüber dem „Alten" - Distanzierung	- Angst, selbst veraltet, ein „Auslaufmodell" zu sein - „manische" Gegenreaktion

(Abbildung 1 -selbst angefertigt)

Sollte dies gelingen, so würde die Möglichkeit bestehen, ein Raster zu entwickeln, welches eine grobe Zuordnung erlaubt, welche Modi der Konfliktbearbeitung in welchen Organisationen zu erwarten sind, was wiederum Veränderungsprozesse besser planbar machen würde. Aber bis dahin müssten noch weitaus mehr Firmen, Betriebe etc. untersucht werden.

3.) Die Grenzen der flexiblen Organisation

Das „Unternehmen ohne Grenzen", wie es 1990 vom General-Electric-Chef Jack Welch bezeichnet wurde, soll die Antwort sein auf die Herausforderungen, denen sich Unternehmen weltweit im Zug eines gestiegenen Innovationstempos und schärferen Wettbewerbs gegenübergestellt sehen. Damit ist eine Organisation gemeint, die ihre traditionelle, reaktionsschwache Struktur dahingehend verändert, dass alte Grenzen und Rollenzuweisungen neu definiert und flexibler gestaltet werden.

Leider wird dabei oft übersehen, dass flexiblere Grenzen dennoch Grenzen sind. Diese sind dabei nicht mehr organisatorischer, sondern psychologischer Natur. Sie mögen auf keinem Organigramm erscheinen, sind aber in den Köpfen der Führungskräfte und Mitarbeiter nach wie vor zu finden, weswegen sie oftmals zunächst nicht klar erkennbar sind.

3.1.) Herausforderungen flexibler Arbeit

Ein kleines Beispiel aus einer Organisation, welche gerade zum „Unternehmen ohne Grenzen" umstrukturiert wurde, soll uns verdeutlichen, wie sich die neuen Probleme, welche auftreten können und in den meisten Fällen auch werden, zeigen:

Maschinenschlosser Heinz und Ingenieur Peter arbeiten in einem Unternehmen, welches sich bewusst um mehr Teamatmosphäre bemüht und die eigenen Angestellten auf eben diese strukturelle Veränderung eingeschworen hat. Daher bittet Heinz, mit der Intention die Entscheidungen der Produktgestalter besser nachvollziehen zu können, Peter ihm die Gründe für einige auf einer Blaupause eingetragene Konstruktionsänderungen zu erklären. Dabei ist der Grund unter anderem, dass Heinz eine gemeinsame, neue und produktivere Arbeitsteilung anstrebt.

Peter aber, versteht diese Frage anders, nämlich als versteckten Angriff auf sein Können und antwortet dergestalt, dass seine Ablehnung zum Ausdruck kommt. Darauf fühlt sich Heinz abgefertigt und gibt auf. Er schiebt es im Folgenden auf die Verachtung, welche die „elitären" Ingenieure den Arbeitern gegenüber hätten.

An dieser Sequenz wird folgendes deutlich: Keiner der Interaktionspartner war in der Lage mit der abgeflachten Hierarchie und den daraus resultierenden nun eher psychologischen Grenzen umzugehen. Darin liegt eine der Hauptherausforderungen, denen sich Organisationen stellen müssen, die sich selber flexiblere Strukturen geben. Im Gegensatz zur traditionellen, klaren Gliederung von Hierarchie, Machtfülle und Weisungsbefugnis, sind die Grenzen in einem flexibleren Unternehmen verwischt. Ebenso verwischen die Rollenverständnisse der einzelnen Mitarbeiter, da diese nicht mehr rein durch die Organisationsstruktur gegeben sind. Unterschieden manifestieren sich nun vielmehr in Fertigkeiten, Talent, Autorität und Bedeutung. Daher muss jeder Mitarbeiter in allen Interaktionen neu herausfinden, was seine Rolle ist und wie eine Beziehung geschaffen sein muss, um ein Höchstmaß an Effizienz zu erzielen: „Die Entwicklung der richtigen Art von Beziehungen zur rechten Zeit ist also der Schlüssel zu Produktivität, Erneuerung und Effektivität im Unternehmen ohne Grenzen." (*Hirschhorn & Gilmore*, S. 30)

In unserem Beispiel hätte also Peter darüber reflektieren müssen, in welcher Rolle er gerade und in welcher Rolle Heinz gerade stecken und wie sie eine Beziehung herstellen könnten, in der sie ein für beide Seiten positives und für ihr Unternehmen effektives Verhalten ausüben könnten. Aber: „Tatsächlich gibt es in flexiblen Organisationen zahllose Gelegenheiten, bei denen Verwirrung und Konflikte auftreten." (*Hirschhorn & Gilmore*, S. 30). Die Gründe für diese Konflikte sind zahlreich, so liegen sie in eben den Bereichen, die auch die neuen Rollen definieren, nämlich in Bezug auf Können, Autorität oder Perspektive. Solange es sich aber in einer kreativen Spannung, wie die Autoren es nennen, abspielt, können solche Konflikte heilsam und produktiv sein. Der Grund hierbei liegt darin, dass eine Auflockerung von Aufgaben, Rollen und Arbeitsresultaten eben dazu führt, dass Auseinandersetzungen über Perspektiven und Meinungen wahrscheinlicher werden, immer vorausgesetzt, diese Auseinandersetzungen läuft produktiv ab.

Die Aufgabe eines Managers besteht daher in diesen veränderten Strukturen unter anderem darin, den Mitarbeitern diese neuen Grenzen aufzuzeigen, sie darauf hinzuweisen welche wann am wichtigsten sind und sie zu ermutigen innerhalb der angemessenen Grenzen zu agieren.

3.2.) Organisatorische Grenzen

Die eben angedeuteten Grenzen wollen wir hier weiter erläutern, dabei unterscheiden wir zwischen vier: die „Zuständigkeitsgrenze", die „Aufgabengrenze", die „Interessengrenze" und die „Identitätsgrenze". Für Psychologen ist insbesondere der Verweis auf die Empfindungen interessant, welche nach den Autoren an den einzelnen Grenzen feststellbar sind und dem Manager auch als Indikator dienen können, ob ihre Verhalten entlang dieser Grenze effektiv ist. Daher seien diese vier Grenzen im Folgenden kurz skizziert:

- **Zuständigkeitsgrenze**: „Wer ist für was zuständig?" - ist hier die entscheidende Frage, daher spricht man auch von der „Autoritätsgrenze". Denn selbst in nahezu grenzenlosen Unternehmen existieren Personen, die an bestimmten Stellen eher führen, wo andere folgen. Sie sind dann zwar nicht unbedingt Vorgesetzte und Untergebene, handeln in konkreten Situationen aber so. In „alten" Unternehmen war die eingangs gestellte Frage schnell mit einem Blick auf die Hierarchie beantwortet, in Hierarchie-losen bis –armen Unternehmen erhält die Frage aber eine ganz neue Qualität. Denn formelle Autorität heißt heute nicht mehr auf dem aktuellsten Stand zu sein. So kann ein „Chef" in einem Projektteam eben zu den weniger gut mit der Thematik vertrauten Personen gehören und wird hier eher die Rolle des Untergebenen einnehmen. Dies wiederum ist für denjenigen eine Herausforderung, der das Projekt leitet, aber per se dem Chef unterstellt wäre.

Ein ähnliches Problem hat der Vorgesetzte. Er muss zum einen führen und Entscheidungen treffen können, aber auf der anderen Seite muss er in eben beschriebenen Situationen auch flexibel und offen für Kritik sein: „Wie Mitarbeiter immer wieder Herausforderungen brauchen, um zu folgen, so müssen Vorgesetzte zuhören lernen, um führen zu können" (*Hirschhorn & Gilmore*, S. 32). Bei guter Zusammenarbeit fühlen die Untergebenen, dass ihnen vertraut wird und gehen daher mit freier Initiative ihrer Arbeit nach. Vorgesetzte wiederum erleben die Unterstützung ihrer Mitarbeiter und eine produktive Herausforderung durch diese, was ihnen das Führen ermöglicht. Entstehen an dieser Zuständigkeitsgrenze aber Probleme und Spannungen, dann werden andere Gefühle wahrgenommen. Das empfundene Fehlen von Vertrauen seitens des Chefs führt bei Mitarbeitern potentiell zu Aufsässigkeit, übermäßiger Abhängigkeit und damit einem Verlust von Eigeninitiative. Diese Chefs andererseits, denen die Herausforderung durch ihre Untergebenen fehlt, fühlen sich unverwundbar und könnten dem Irrtum unterliegen, nichts falsch machen zu können, fehlen ihnen doch die konstruktive Kritik ihrer Mitarbeiter. Oder sie werden durch die nicht erlebte Unterstützung kontrollwütig.

- **Aufgabengrenze**: „Wer macht was?" - Diese Frage leitet sich aus den notwendigen Spezialisierungen in komplexen Organisationen heute ab, führt aber oft zu dem Problem, dass es immer schwieriger fällt, den Mitarbeitern ihre Arbeit als gemeinsame Mission zu vermitteln. Aus diesem Grund ist das Team in den letzten Jahren zu einer weit verbreiteten Arbeitsform geworden, löst es doch den genannten Widerspruch partiell auf, denn Gruppenarbeit ermöglicht es, Leute mit sich ergänzenden Spezialisierungen auf eine Arbeit einzustimmen. Dies macht es aber unumgänglich, dass die Involvierten ihre Beziehungen entlang der Aufgabengrenze korrekt gestalten.

Althergebrachte Aufgabengrenzen bestanden in erster Linie zwischen den Bereichen Forschung und Entwicklung, Fertigung, Marketing sowie anderen, klassischen Funktionen. Dabei wurde in erster Linie auf die Beaufsichtigung der formellen Interaktion dieser homogenen Arbeitsgruppen geachtet, gemischte Teams kamen erst in den vergangenen Jahren auf. Diese Art der Teams hat dazu geführt, dass ein Mitarbeiter nur so effektiv sein kann, wie es die Leistung seines Kollegen, von dessen Arbeit er in der Regel wenig Sachkenntnis hat, zulässt. Aus diesem Grund ist es unerlässlich, dass man sich während man seine Arbeit leistet, ebenfalls aktiv mit den Aktivitäten und Problemen seiner Kollegen aus anderen Breichen auseinandersetzt, welche ihren Teil zum Erreichen des gemeinsamen Ziels einbringen.

Bei erfolgreicher Gestaltungen dieses Grenzbereiches, empfinden die Gruppenmitglieder Stolz, fühlen sich in ihrer partiellen Abhängigkeit von den anderen wohl und gehen mit Optimismus an die Lösung des gemeinsamen Problems. Man traut sich und dem Team die nötigen Kompetenzen zu. Im gegenteiligen, von Konflikten beherrschten Fall, wo es dem Team nicht gelingt ihre Aufgaben zu definieren, Verantwortungen aufzuteilen und Mittel zuzuweisen, erleben die Mitglieder ein Gefühl der Inkompetenz und Unfähigkeit, das Problem zu lösen., oder sie empfinden gar Scham ob ihrer erbrachten Arbeit.

- **Interessengrenzen**: „Was kommt für uns dabei heraus?" - ist oftmals Hintergrundfrage betriebspolitischer Ambitionen innerhalb eines Betriebes. Eine der Hoffnungen, welche mit dem Projekt des grenzenlosen Unternehmens verbunden sind, ist es aber eben diese Ambitionen aus der Organisation heraus zu halten. Dennoch muss „politisches Interesse" und damit einhergehendes Verhalten stets erwartet werden. So entstehen Interaktionen unterschiedlicher Bereiche eines Betriebes wenn es um Dinge wie Mittelzuweisung und Langzeitplanung geht. Man denke da an eine Organisation, die einsparen muss, oder einen Betrieb der zwischen langfristiger Forschung oder schneller Vermarktung entscheiden muss.

Keiner der Bereiche wird sich Kürzungen oder Änderungen bei sich selbst für vertretbar halten, ist es doch nicht in ihrem Interesse. An dieser Interaktionsgrenze kann ein Manager daher einige Dinge erkenne, zeigt er doch Sicht der einzelnen Bereiche, die sich zu einem Gesamtbild zusammenfügen lassen.

Konflikte an dieser Grenze können also produktiv sein, aber im gleichen Maße können sie kontraproduktiv sein, wenn die Verhandlungspartner unnachgiebig sind was ihren eigenen Standpunkt anbetrifft und daher keine für alle befriedigende Lösung zulassen. Beim Ver- und Aushandeln müssen die Involvierten also darauf achten, dass sie ihre Interessen verteidigen, dabei aber nicht die Effektivität und Einheit der Organisation als Ganzes gefährden. Ist letzteres gewährleistet, so fühlen sich die Mitarbeiter mächtig, da sie sich fair behandelt und angemessen belohnt fühlen. Eine schlechte Entwicklung allerdings kann dazu führen, dass bestimmte Arbeitsgruppen sich nicht anerkannt und übergangen fühlen.

- **Identitätsgrenze**: „Wer ist 'wir' - und wer sind wir nicht?" - Fragen sollten nach Jack Welch dadurch beantwortet werden, dass die Gruppenetiketten abgelöst werden, welche die gemeinsame Arbeit der Leute stören. Unter Mitarbeitern einer Organisation finden sich in der Tat verschiedenste Gruppenidentitäten. Sie definieren sich nach ihrem Beruf per se, wie z.B. Jurist, Polizist oder Psychologe, oder nach ihrer Arbeitsgruppe in einem bestimmten Beruf, wie das Büro, die Abteilung xy etc. Merkmal dieser Gruppen ist das „Gleichsein", es wird von „wir" und „die" gesprochen, „In-Gruppen" und „Out-Gruppen" existieren. Dies ist der Ort, an dem die Identitätsgrenze zu finden ist, dort wo Werte vertreten werden.

Man vertraut an dieser Grenze Angehörigen der eigenen Gruppe mehr und agiert dementsprechend misstrauisch gegenüber Außenstehenden. Jemand aus dem Labor wird Leuten aus der Marketing-Abteilung z.B. weniger vertrauen, da letzterer die eigene Arbeit ja doch nicht versteht. Trotz dieser potentiellen Spannungen sind die Kräfte an dieser Grenze äußerst wichtig für ein erfolgreiches Unternehmen, wirken sie doch in motivierender Weise. Dabei darf man weiterhin nicht übersehen, dass es wichtig bleibt zwischen den Untergruppen einen Teamgeist zu kultivieren, der ein breites Loyalitätsband schafft und nicht nur die Identitäten innerhalb den Gruppen im Auge behält.

Erfolgreiche Organisation dieser Gruppenübergreifenden Identität (auch im Sinne einer Betriebsidentität) führt zu loyalem Empfinden der Mitglieder zu ihrer Gruppe und hegen zugleich aufrichtigen Respekt für andere. Verachtung für „Out-Gruppen" jedoch kann, trotz möglicher gruppeninterner Zufriedenheit, die Identitätsbeziehungen an dieser Stelle empfindlich stören und kontraproduktiv wirken.

Grenze	Frage	Emotionen bei Erfolg	Emotionen bei Misserfolg
Zuständigkeitsgrenze	„Wer ist für was zuständig?"	- Vertrauen und produktive Herausforderung	- Aufsässigkeit, übermäßige Abhängigkeit, Verlust von Eigeninitiative - Kontrollwut
Aufgabengrenze	„Wer macht was?"	- Stolz, Vertrauen in die eigenen Fähigkeiten	- Inkompetenz, Unfähigkeit, Scham
Interessengrenze	„Was kommt für uns dabei heraus?"	- Mitarbeiter fühlen sich mächtig, fair behandelt, angemessen belohnt	- Mitarbeiter fühlen sich nicht anerkannt und übergangen
Identitätsgrenze	„Wer ist 'wir' - und wer sind wir nicht?"	- Loyalität, Respekt vor anderen Gruppen	- Störung der Identitäts-Beziehungen

(Abbildung 2 - selbst angefertigt)

Damit seien diese vier Grenzen vorerst abgeschlossen, wichtig ist jedoch darauf hinzuweisen, dass sie nicht isoliert voneinander betrachtet werden dürfen, so kann eine Grenze, an der scheinbare Harmonie herrscht dazu führen, an anderen Grenzen unüberwindbare Hindernisse zu erschaffen.

3.3.) Autoritätsvakuum

Umstrukturierungen die eine offenere, grenzenlosere Organisation anstreben gehen oft notwendigerweise mit einem Abbau alter Autoritätsstruktur einher. Dabei ist es jedoch meist kontraproduktiv im Transformationsprozess sozusagen die Macht aus der Hand zu geben und diesen Prozess anzuleiten. Denn gerade zu Beginn der Implementierung neuer Arbeitsformen kommt es unvermeidlicherweise zu Spannungen und dort sind Mitarbeiter schnell verunsichert und bedürfen klarer Struktur.

So kann es passieren, dass Teams in Folge mangelnder Autorität passiv werden oder kontraproduktive Bewältigungsstrategien wählen (übertrieben stark ausgeprägte Gruppenidentität). Psychologisch gesehen ist der Vorgesetzte quasi abwesend und den Mitarbeitern fehlt eine gefühlte „oberste Schiedsinstanz".

Als Beispiel dient den Autoren ein Finanzdienstleistungsunternehmen, welches ein neues integriertes Informationssystem entwickeln wollte. Die dafür zuständige zehnköpfige Gruppe geriet jedoch von Anfang an in Streitigkeiten, als die einzelnen repräsentierten Untergruppen sich gegenseitig die Schuld für auftretende Probleme zu sprachen. Auch ein weiteres, dreiköpfiges Team, welches diesen Streitigkeiten ein Ende setzen sollte, kam nicht voran. Entscheidend war letztlich, dass in keinem Team jemand mit der nötigen Autorität ausgestattet war, die selbstverständlich auftretenden gegensätzlichen Sichtweisen zu vereinen oder schiedsrichterlich eine Lösung herbeizuführen, insbesondere da keines der genannten Teams dazu neigte, die Konzernleitung einzuschalten. Das Problem lässt sich wie folgt zusammenfassen: „Weil das Führungsgremium also versäumte, eine Autoritätsgrenze festzulegen, entstand ein Vakuum, in dem Unterschiede nach Interesse und Identität die Arbeit beider Entwicklungskomitees lahm legen konnten" (*Hirschhorn & Gilmore*, S. 36).

Manager verzichten nicht nur auf die Ausübung von Autorität, weil sie meinen, flexible Organisationen verlangten dies, sondern auch, weil sie sich damit vor eigenen Befürchtungen bezüglich der bei Veränderungen auftretenden Konflikte schützen. Um mit dieser Furcht zu begegnen neigen viele Manager dazu, umfangreiche Strategieplanungen und Risikoeinschätzungen in routinierter Weise zu vollziehen, vergessen dabei aber leicht, dass ein irgend einem kritischen Punkt Entscheidungen getroffen werden müssen. Ein Chef muss die Fähigkeit besitzen, die Interessen der gesamten Organisation zu vertreten und zu verkörpern. Und darin liegt auch die Lösung dieses Problems: Autorität muss in grenzenlosen Unternehmen auf eine neue Art und Weise praktiziert werden, nämlich nicht als kontrollierende, sondern eindämmende und sanft lenkende Kraft, welche die Arbeit störende Konflikte löst. Insbesondere verlangt dies, sich ehrlich einzugestehen, dass in unsicheren und risikobehafteten Umfeld zwangsläufig Ängste entstehen.

3.4.) Management der Eindämmung

Ein Beispiel für einen nach den eben genannten Kriterien handelnden Managers, sei an dieser Stelle kurz vorgestellt. In diesem Betrieb stand ein Personalabbau in Folge einer Reihe von Maßnahmen zur wirtschaftlichen Gesundung und damit Umstrukturierung des Unternehmens an. Unter anderem sollte dabei die Anzahl seiner Stabsmitarbeiter um 40 Prozent, also knapp 20 Personen verringert werden.

Gerade Stellenabbau bringt die Interessengrenzen in besonderer Art und Weise ins Spiel, geht es dabei doch ums Existentielle. Daher bat der Manager die Mitarbeiter seiner Abteilung, also die konkret Betroffenen, ihm bei der Umsetzung dieses nötigen Abbaus zu helfen. Seine Intention dahinter war, dass eine Teilnahme an dieser Planung den Leuten das Gefühl geben würde, die Entscheidungen seien nicht willkürlich gefallen und hätten keinen personenbezogenen Hintergrund. Dies würde im Weiteren weit weniger auf die Moral schlagen als von der Leitung bestimmte Kürzungen: „Indem sie die strategische Logik hinter dem Stellenabbau begreifen könnten, würden selbst die Freigesetzten mit Würde ausscheiden, während die Bleibenden den Motiven und Plänen der Unternehmensführung Vertrauen entgegenbrächten" (*Hirschhorn & Gilmore*, S. 37).

Seine acht ihm direkt zugeordneten Mitarbeiter wurden in zwei Teams aufgeteilt, die den Auftrag erhielten, möglichst viele Lösungen für das Problem der Neuorientierung der Personalorganisation zu erarbeiten. Diese Lösungen sollten einige Prämissen erfüllen, worunter die wichtigste die Verkleinerung der Belegschaft um 40 Prozent war. Hinzu kam ein festgelegter Zeitplan von einem Monat. Interessant hierbei ist, dass er eine klare Aufgabengrenze zog und seine Autorität nicht aus den Händen gab. Die Tatsache mehrere Vorschläge zu fordern ließ ihm die Option und die Pflicht, letztlich die konkrete Wahl selbst zu treffen, was die Verantwortung von seinen Mitarbeitern nahm. Zeitgleich schwächte er damit die potentiell entstehenden Konflikte an der Interessengrenze ab. Um den Individuen in den Gruppen gerecht zu werden, bot er allen ein persönliches Gespräch unter vier Augen an, letztlich konnten jeder Einzelne ebenfalls Opfer der Kürzungen werden. Nach zwei Tagen hatten alle Involvierten von diesem Angebot Gebrauch gemacht. Das wiederum führte ebenfalls zu einer Kompensation der während dieses Reorganisationsprozesses auftauchenden Schwierigkeiten und Ängste. Abschließend wurde ein Vorschlag gewählt, bei dem drei der acht Mitarbeiter ihre Stelle verloren, die Implementierung der neuen Organisationsstruktur ging jedoch ohne weitere Reibereien vonstatten.

3.5.) Empfindungen als Tatsache

Wie im eben kurz umrissenen Beispiel aufgezeigt, kann ein Chef welcher an den Interaktionsgrenzen gute Arbeit leistet auch schwierigste Veränderungen und Umstrukturierungen mit seinen Mitarbeitern als ein erfolgreiches Team meistern. Aber wie erreicht mein ein solches Verhalten, wie kann ein weniger gut geeigneter Vorgesetzter derartige Ziele erreichen?

Das Instrument, welches er dafür benötigt hat jeder: es handelt sich um die persönlichen Empfindungen. Dies sind die besten Hilfen, die einem beim Umgang der neuen Grenzen in der flexiblen Organisation zur Verfügung stehen, darauf hinzuweisen ist insbesondere darum wichtig, da viele Manager ihre Emotionen bezüglich der Arbeit ignorieren oder verdrängen. Dabei wird aber schnell vergessen, welche wünschenswerten Effekte beim Erleben positiver Empfindungen bei der Arbeit entstehen können: „Wenn Menschen zueinander in gedeihlichen Arbeitsbeziehungen stehen, fühlen sie sich locker, entspannt und konzentrieren sich auf die Sache... Wo dies der Fall ist, erfahren Beschäftigte ihre Arbeit nicht nur als produktiv, sondern auch als kreativ, innovativ, ja als Spaß" (*Hirschhorn & Gilmore*, S. 37).

Andererseits wird Arbeit von problematischer Qualität als unangenehm und enttäuschend erlebt. Empfindungen von Unzulänglichkeit, Abneigungen gegen Kollegen und der Arbeit generell überwiegen.

Aber egal welche Gefühle überwiegen, stets sind sie ein guter Indikator um Probleme, Qualitäten und Dynamiken aufzuzeigen, gerade an den genannten Grenzen. Und dass Probleme auftreten wenn Umstrukturierungen vorgenommen werden, wurde ja mehrfach erwähnt. Aus diesem Grund ist es für Manager wichtig, die Fähigkeit zum Umgang mit diesen Empfindungen zu erlernen und komplizierte Beziehungen zu entschlüsseln, wobei dies oftmals auch mit Selbstkritik einhergeht. Hier müssen sie es schaffen, sich von den eigenen Gefühlen zu lösen um zu beobachten, in wie fern diese Symptome für einen breit gefächerten Gruppenprozess sein könnten. Man kann von den Regel ausgehen: Je heftiger die Emotionen, desto weniger wahrscheinlich handelt es sich um ein individuelles Problem.

Wie dies konkret anwendbar wäre, zeigt das zu Beginn skizzierte Beispiel des Ingenieurs Peters und des Maschinenschlossers Heinz: Hätte Peter sich an dieser Stelle gefragt, warum er die Nachfrage seitens Heinz als versteckten Angriff gewertet hat, hätte das Gespräch evt. eine andere Wendung erhalten und zu einem fruchtbarerem Dialog führen können. Schlussendlich lässt sich sagen, dass eine Auseinandersetzung mit den auftauchenden Gefühlen und ihr Bewusstmachen durch die Interaktionspartner, entscheidend sein kann für das Funktionieren einer Organisation, insbesondere wenn sich diese in einer Zeit des Wandels befindet, in der zwangsläufig zu bewältigende Probleme auftauchen.

4.) Fazit

Nachdem wir uns den beiden Haupttexten genähert haben, stellt sich für uns die Frage, in wie weit sich die jeweiligen Erkenntnisse in Verbindung bringen lassen. Und dabei ist für den Psychologen in erster Linie das Stichwort Supervision von Interesse. Wie in der von Becker vorgestellten Abhandlung, kann ein Psychologe Organisationen, die eine Phase des Wandels und der Umstrukturierung durchmachen beratend zur Seite stehen. Letztlich geht es auch in dem Hirschhorn & Gilmore Text um nichts anderes als eine solche Art der Veränderung.

So lesen wir unter dem Punkt „Autoritätsvakuum", dass Mitarbeiter sich zu Beginn einer Umstrukturierung, bei welcher unter anderem alte Hierarchien aufgebrochen werden, aufgrund eigener Unsicherheit Struktur verlangen und für effektives Arbeiten auch benötigen. Sie wollen quasi nicht ins kalte Wasser geworfen werden. Die Psychologie hat mit dem Konstruktivismus und dessen Anwendung in der Erwachsenenbildung neben der von Becker genutzten Psychoanalyse mindestens eine weitere theoretische Grundlage um sich der Probleme dieser Umstrukturierungen anzunehmen. Der Konstruktivismus beschäftigt sich im

Weiteren insbesondere mit der Konstruktion von Wirklichkeiten und nichts anderes geschieht an den von Hirschhorn & Gilmore postulierten Grenzen.

Ausgehend also von diesen theoretischen Begründungen, kann der Psychologe in allen den beiden Texten zu entnehmenden Beispielen in beratender Funktion tätig werden, in dem er im Rahmen der Supervision den Rahmen schafft, in dem über die Probleme des Wandels reflektiert werden kann. Folgt man der Forderung, wie sie im letzten Abschnitt des Textes *„Die Grenzen der flexiblen Organisation"* genannt werden, so ist dieses Supervisions-Setting nicht bloß ein Raum um Probleme zu besprechen, sondern für den Manager auch eine Art Training, um sich einen adäquaten Zugang zu seinen ihm Hinweise gebenden Emotionen zu verschaffen.

In Zeiten von Neuorientierung und Umstrukturierung an veränderte lokale und globale Erfordernisse, kann die Psychologie also Raum bieten um einen produktiven und notwendigen Reflexionsprozess anzubieten, um unvermeidliche Probleme sinnvoll anzugehen.

5.) Literaturliste

- Hans-Jörg Becker (2000), *„Angst und Wandel in Organisationen"* in *Freie Assoziation 3*, S. 311-328
- Larry Hirschhorn und Thomas Gilmore (1993), *„Die Grenzen der flexiblen Organisation"* in *Harvard Business Manager* 1/1993, S. 29-39